Sueños

y

Esencias

Sueños

y

Esencias

"No es cuestión de llorar por la estrella que se apaga, sino de reir por cada sol que nace…"

Migdalia Rodríguez Rios

Para pedidos de copias adicionales de este libro, por favor contacte con:
Palibrio
1663 Liberty Drive, Suite 200
Bloomington, IN 47403
Llamadas desde los EE.UU. 877.407.5847
Llamadas internacionales +1.812.671.9757
Fax: +1.812.355.1576
ventas@palibrio.com
363932

CONTENIDO

DEDICATORIA

Es muy difícil definir el sentimiento que abarca, el dedicar lo que para muchos puede ser algo sutil o vano, simplemente unos escritos, pero el esfuerzo de esta recopilación y el sueño de ver algo simple creado y compartido significa mucho. Y este esfuerzo con el mayor de los sentimientos se lo dedico como homenaje póstumo a mi padre, Pedro Juan Rodríguez (Perico), quien fué, mi guía, mi norte, mi mayor ejemplo de que en la vida siempre hay que seguir, que siempre hay un mas allá y un gran porvenir. Y hoy día aunque paro mis sueños y mis esencias, tengo que decir que si llegué a ellas, fué porque papi siempre me enseñó a abrir camino aún donde no lo viera, a no coger miedo y a aprender lo que no sabía, a valorar y a respetar, a servir y a ser útil y seguir el ejemplo de los que a mi lado crecen, y nunca detener la marcha. Y por supuesto pues me animo a poner público mis poemas, los que él ya conocía. Hoy me haces falta mi Viejo, pero sé que a mi lado estás, y siempre mi guía serás, hasta que te vuelva a encontrar. Para tí esta publicación que no vistes pero sé, que te la llevaste en tu alma.

Tu prieta, Mindy.

PROLOGO

Porque la vida siempre ha sido igual
y lo único distinto han sido los **Sueños**,
que no duran y también tienen su final
después de cada encuentro…
Mis poemas,
éstos son la **Esencia** que me transportan a lo eterno
donde sé que todos algun día nos veremos.

AGRADECIMIENTO

A toda mi familia en especial; mi madre Hipólita Ríos, mi Tití Rosín y mis hermanos Johnny, Orlando y Noel, por su amor y apoyo incondicional.

A mis sobrinos; por su admiración y siempre dar el buen ejemplo.

A mi incondicional y siempre más que familia, mi mejor amiga Sandra; por tu perseverancia y ser mi héroe con tu ejemplo de superación y no dejarte vencer. Gracias por todo lo que me has enseñado.

A mis buenas Amistades por darme grandes vivencias con su continuo compartir.

VIDA FUGAZ

"Tal vez nos encontremos un día
en el cauce de una vida que corre...
Y nos juntará en un mismo final.

Tras el alba encendida de destellos
pasa la vida como ave mensajera,
sin saber que lo que lleva
es tan sólo una quimera.

Por ser ave mensajera,
ave de paso tal vez,
sólo dejará una estrella,
sólo un reflejo de muy honda rigidez.

Pero no desesperes que todo pasa,
y todo queda también,
la vida se acaba cierto es,
pero más allá queda lo eterno,
que quizás sólo sea recuerdo,
pero que será vida también.

...COMO EL AMANECER

Fresca mañana que nace
cada día en amanecer,
copiar de ti cada frescura
es mi anhelo y padecer.

Sentir la tibia aroma
del aire fragante que a tí toca,
que te envuelve en belleza,
y en tiempo cálido de auroras.

Contigo quiero yo siempre nacer
para ser distinta cada día,
como tú lo eres en tus horas,
sólo fragancia como coplas
cuando destellos sueles atraer.

No mas quiero renacer
cada día en tu regazo
como es la noche quien te carga
y jamás muere en tu descanso.

Mas el sino me ha vedado,
pues aún cuando te alcanzo
no toco tus largas horas,
y en mis añoranzas queda
mi trivial amor... envuelto en odas.

A TI... EN EL COMIENZO

¡Oh amor! Cruel tortura,
¿por qué tú te empeñas,
por qué tu locura,
por qué comenzar
lo que luego no dura?

En mi camino pronto te cruzas,
y mi destino todos lo juzgan,
vente conmigo, yo te defiendo,
siente conmigo yo te conservo.

¡Enfréntate al viento que todo destruye!
¡Grítale al tiempo, pues todo construye!
Si en ese momento te cubre el desespero,
llama a tu amigo, que aunque esté lejos,
se enfrentará al viento,
le gritará al tiempo,
porque ya con tu mente,
tal vez con tu cuerpo,
haremos de nuestro amor
único sustento,
y veremos al mundo cual simple pretexto.

A TÍ

S ois mujer de andar firme
A lta es tu serenidad
N unca en presumir pierdes acento
D onde te propones vas
R ica eres en talento
A un más; noble, sencilla, humilde,
              Llena de bondad.

S obre todas las cosas del mundo
A udaces hazañas habrás de lograr.
N o importará tiempo fatuo
C uando ante tu camino quiera posar,
H abrás de recorrer el mundo
E n su immensidad de mar
Z agás como rayo de luz que azota…
              Y tras de sí despliega su luminosa faz.

ADIOS A UN GRAN AMOR

Si hoy mi amor ya no te alcanza,
y otro llena ese lugar,
no trates en vano de ocultar
lo que tu corazón te manda.

Triste es el caminar
de mano con quien no se ama,
rompe el corazón y mata
la serenidad que necesita el alma.

No temas al dolor del otro,
porque éste buscará su calma,
sobretodo si todavía te ama
dejará libre tu todo,
por sólo verte resurgir
y que no te pierdas en la nada.

Recuerda que el verdadero amor,
todo lo da y todo lo calla,
el mío siempre estará,
hasta que mi alma un día se vaya.

ALGO QUE DECIR

Esto es como el que no ha amado
que nada puede decir del amor,
o como el que no ha vivido
que nada puede decir de la existencia

Pero siempre hay algo que decir:

"Cuando aceptes tu soledad
serás libre y tendrás ansias de horizontes
y recorrerás la llanuras,
llenándote de la luz de sus cielos
y gozando de la austeridad de sus paisajes.
Cuando entonces aceptes tu soledad
y goces del aire y del sol,
reconocerás en tu alma,
la inmensidad de Dios
reflejada en lo mas profundo de tu ser.
Y cuando todo esto
ya sea aceptado en tí,
como una realidad íntegra de tu existencia,
serás libre, porque te has quedado solo,
y podrás seguir,
y te darás cuenta además,
que mas allá, siempre te ha perseguido algo,
algo que está en alguien y a tu lado…
EL AMOR."

AMARGO SENTIR

Claro sol que amanece
entre mundos y tinieblas,
despojando la humedad que crece
y trayendo serenidad muy quieta.
Tal parece que fluyeras
por entre abrumos y quebrantos,
pero es nada, tu doliente encanto
se quedará abatido en la alborada.
Penas aún calladas,
clamor opaco de tu mirada
que busca resurgir en vano,
pues no nace más amor
envuelto en llamas.
No es sentimiento lo que falta,
si no el deseo que sin par arranca
el gran latir de tu corazón sin calma.
Claro sol que nos levanta,
mas tendido nos deja y en la nada,
de aquello que es reflejo
de un alma ya amargada.
De nada valen los comienzos,
si no podemos continuar la marcha,
pues no hay pasos que andar
estando las huellas ya agotadas.

AMOR

AMOR: que hoy te canto,
es el alma llena de ilusión,
vida pasajera que se queda,
¿Hasta cuando? El tiempo es su velador.
DULCE AMOR: que hoy te hablo,
no dejes sin oir mi llanto,
que dulce, triste o amargo,
surge sólo para tí,
que eres para mí todo en tanto.
DESESPERADO AMOR: que hoy te llamo,
no te coíbas en sentir,
pues la vida es aliento,
cual suspiro, cual latir,
cual éxtasis sublime
de un encuentro.
INSACIABLE AMOR: que hoy te alcanzo,
con mi canto, con mi voz cuando te hablo,
no dejes en mi vida de existir,
no dejes solo el eco de mi canto,
no dejes de escuchar mi voz,
no dejes sin acento mi palabra cuando llamo,
porque entonces romperás el alma,
de la vida que hoy te guardo.
Y VENERABLE AMOR: que a tí
te canto, te hablo, te llamo y te alcanzo,
entonces, perderás el hilo que haz de asir,
para subir al glorioso escaño de un sentir,
que lo es todo, todo para tí y en tanto.

AMOR ES...

Amor es... despertar cada mañana y disfrutar contigo la dicha de esta unión.

Amor es... mirarte a los ojos y decirte que eres lo más bonito que tengo en la vida.

Amor es... abrazarte y sentirte bien cerca como parte íntegra de mi ser.

Amor es... buscar tu huella al caminar dentro de mi, y encontrarla a cada paso en mi sentir.

Amor es... sentirte siempre aún cuando no estás presente.

Amor es... ver tu cara sonriente a cada palabra mía porque sé que verdaderamente la sientes.

Amor es... tener tu pensamiento junto al mío para así lograr nuestra comprensión y nuestro entendimiento.

Amor es... darte mi cuerpo y mi alma y que esté contigo siempre.

Amor es... buscarte en cada sueño y encontrarte en cada despertar.

Amor es... ERES TU.

BRINDIS A MIS SOBRINAS QUINCEAÑERAS

Brindemos por la nueva flor que abre,
a una nueva etapa en el jardín de la vida.
Cuida tu espiritualidad y cultiva tu mente,
y verás que florecerás mas allá de tus expectativas.
La calidad de vida viene determinada
por la calidad de tus pensamientos.
Esta nueva etapa que ya comenzaste a vivir
te va a llevar a la responsabilidad de la adultez.
Averigua que es lo que te gusta hacer,
y dirige todas tus energías hacia ello.
Considera los errores como lecciones,
y los reveses como oportunidades
de expansión personal y crecimiento espiritual.
Haciendo esto la abundancia iluminará tu vida,
y todos tu deseos se cumplirán sin esfuerzo,
y serás entonces en el jardín de la vida,
UN HERMOSO ROSAL,
admirado por todos,
y bendecido por el amor de Dios.

Muchas Felicidades a mis
sobrinas quinceañeras,
Titi.

CALLADA PASION

Oh, callada pasión
que oculta está en mi alma,
grito ancioso de desesperación,
inquietud y todo en calma.
Jamás en realidad resaltas,
y todo encierras en corazón,
mas llanto lúgubre de obseción
es en realidad lo que alcanzas.
Callada quietud
que al parecer descansa,
y no existe en plenitud,
colmar la copa que no llena,
es sin logro la actitud,
de la complejidad de tormentos
que arrebatan y quitan el aliento.
Oh, callada pasión,
¿cuál es tu camino... tu sendero?
hay veredas, muchas,
que no alcanzo a caminar,
pues no puedo,
si red de dudas y quebrantos
todas caen y ahogan
cada uno de mis pasos.
Oh, callada pasión
que hoy te guardo,
haz de tí, surgir el anhelado canto,
no importa que al salir
te pierdas en el tiempo,
convertida en el lamento
más terrible de mi llanto.

CALLADO AMOR EN EL SILENCIO

Callado amor en el silencio
mi paz te entrego en alma adentro,
en tí felicidad la siento,
pues eres sutil expresión
de alegría en cada momento.

Si al mismo tiempo resalta el recuerdo,
queriendo opacar nuestro momento,
fatuo es su resurgir,
pues más amor hay en nuestro encuentro
que todo lo borra a su seguir.

No te pierdas en tus adentros
y déjate a tí misma salir,
pues demás tienes que recibir
si mi alma toda entera,
espera por tu vivir.

Callado amor en el silencio,
tal parece que la nada,
es nuestro único elemento,
mas yo pienso que el todo está,
y nunca se quebrantará en tiempo.

Callado amor en el silencio,
y tan callado que al parecer,
creo que no te vengo poseyendo.
Mas debe ser así,
pues si traspasamos el silencio,
todo se romperá y quedará un eco,
que en su triste lamento sólo dirá;
¿Por qué mi amor?
¿Por qué el final de nuestro encuentro?

CANTO A LA INCERTIDUMBRE

"Canto al día que hoy acaba
por uno que va a empezar,
dejando atrás el rastro
de gran tristeza y soledad"…
Futuro incierto que se acerca,
camino nuevo al despertar,
paso andante entre tinieblas,
quietud que busco y no logro encontrar,
porque solo no puedo desatar
la ira que en sí encierra
y como fiera quiere desgarrar.
Mañana que no acaba de llegar,
pues forzado es su despertar.
Canto al ahogado grito,
que me quiere levantar,
no sé si es mejor dormir,
o despertar a ese caminar,
pues en sueños hay encantos
que se cumplen al soñar,
y al levantar hay dudas,
de qué camino hay que tomar.
Canto al alba y al ocaso,
de cuál es la realidad,
si en verdad es la que tengo,
o la que está en mi soñar.
Oh, presentes tan inquietos,
incertidumbres aquejo.

Oh, canto a mi penar.
Canto entonces al por qué,
de un hoy tan incierto,
que me trajo de un ayer
que viví sin miedo,
y me lleva a un mañana
que no encuentro.
Pero adelante, es el sendero,
pues atrás todo va muriendo,
no importa que hay de nuevo
sólo seguir es el sustento
de un canto a la fuerza,
a la fé y a la voluntad,
que sostienen este sufrimiento.

CITAS

*

"No es cuestión de llorar por la estrella que se apaga,
si no de reír por cada sol que nace."

*

"Toda vida es pasaje de ilusiones,
procura obtener el tuyo rumbo al mundo
de las mejores maravillas."

*

"La sensibilidad del alma es la luz que ilumina
tu sendero, cuida de que nunca se apague,
por el contrario, que cada día sea mas
resplandeciente su fulgor."

*

"El alma es el sendero abstracto de tu vida,
no permitas nunca que se turbie,
de lo contrario,
ya no sabrás a donde vas."

*

"La nobleza del alma engrandece la humildad
del espiritu y resalta la sencillez de la existencia."

CUENTO

Vuela la paloma en busca de otro nido,
pues el que tenía, viejo está y sin abrigo,
Mas cuando busca construir el nuevo albergue,
se da cuenta de que algo falta por más que lo arregle.
Entonces vuelve atrás y recoge las pajas
que restan del nido antiguo,
y termina la labor de un nuevo nido,
sintiéndose que está bien porque consigo,
tiene el recuerdo del que fué su antiguo cobijo.
Pero el tiempo pasa,
y eso no le basta,
y no logra acostumbrarse a su nuevo aposento,
y decide salir de él y destruirlo.
Vemos que de entre las nuevas pajas
recoge las viejas que un día llevara,
y regresa nuevamente a su antigua morada,
donde con paciencia muy asimilada,
reconstruye paja a paja,
el nido viejo que un día abandonara.
Se da cuenta de que nunca debió haberse ido
porque ahora es feliz,
aún cuando todavía su casa está arrugada,
pues la paja ya está muy vieja y muy maltratada.
Pero es su casa, la de siempre,
donde toda su vida anterior ella pasara.
Y ahora se ve tranquila,
no importa cuantas veces tenga que arreglarla,
pues es su casa,
y la que a ella siempre acompañara.

DESENGAÑO

Pensar en un ayer hoy ya muerto,
es descarriar la mente de lo antes cierto,
mas todo aquello vivido es único sustento
aún cuando duele y el alma se queda en cuerpo.

Todo pasa y al final sólo queda desengaño,
fútil y vano desencanto de quimérica ilusión,
alma adentro henchida de emoción,
estallido lúgubre de atino y embelezo,
llanto inútil que sale del corazón
y lo ahoga en mar de lágrimas
cual si fuera su razón.

Todo es inútil, mal logrado es el intento,
pues no hay tal sustento
de aquello que fuera amor.

DESESPERACION

Cuando te vi llorar
sentí que me moría,
al no poderte consolar,
como yo sólo quería.

Sentí deseos de llevarte
conmigo, y de abrazarte,
para así hacerte sentir,
que no importa aureola
que de problemas te abate,
nunca estarás sola.

Decirte, que no importa
que pase el tiempo y la vida,
que aunque sea a la deriva,
siempre estaré contigo toda.

Decirte, que no importa
que la gente te desprecie,
y te haga sentir persona tonta,
para mí siempre serás,
la única y la preferida,
porque para mí eres fuente,
fuente de luz y de vida
que jamás y nunca se agota.

EL ADIOS DE UN AMIGO

Cuando un amigo te dice adiós,
sientes el peso de un gran vacío,
como si todo lo que adentro el corazón guardó,
se derramara ante el despido.
Más aún, cuando lo ves en su partida,
sin poder detener su paso callado,
parece que todo un mundo se quedara ahogado,
sin palabras y sin luz que guiaran tu camino ya trazado.

EL DIA QUE ME LO PEDISTE

El día que me lo pediste,
tú misma me sugeriste,
que para tí dirigiera mi musa
y esto es lo que inspirastes.
Para mí antes que nadie:
"Eres ser indominable,
fiera voraz, poco tangible,
amor dado immedible,
no importa tiempo incalculable.
Tú eres impresionante,
así es el día que me lo pediste,
así es como mi ser te percibe,
sutil es tu alma incontrolable,
pasión sin par que representas,
eres todo antes que nadie,
el día que me lo pediste,
ese immenso canto al amor,
fiel amante.

ENCUENTRO

Amor es... despertar cada mañana
y renacer junto con ella
la ternura de esta unión.

Cada mañana es un renacer,
cada noche es un sosiego,
toda vida es un atardecer,
donde contigo existe un mundo eterno.

Cada instante es un amigo,
cada momento un compañero,
donde ha de haber siempre aliento,
y paz y amor como sendero.

Cada hora es más que un tiempo,
cada paso es un acento,
que hemos de seguir siempre con acierto,
y no desistir en este amor, que es nuestro encuentro.

ERRANTE

Caminar a la deriva
de un camino sin orilla,
cual pasaje sin escala,
sin rumbo, sin retirada.
Caminante, errante eres,
cual tu huella, sin amaneceres,
solo tú, sin rumbo fijo,
paso andante entre tus seres.
Vagabundo dado al día,
ya la noche te poseyó en sus redes,
no olvides que equipaje
de tí mismo, tú eres.
Lleva todo, aunque no veas nada,
pues dentro, tu alma está colmada;
cofre de dorados sueños,
recuerdos de mil andanzas,
no los dejes olvidados
a la deriva de tu rodada,
porque pierdes tesoro
mas preciado que encontraras.

ES... Y SIEMPRE LO SERA

Soñar es ver la vida de otro modo,
soñar es ver sin ser lo mismo antes que todo,
es buscar con atino lo que añoro,
es alcanzar lo que admiro y que no toco.

Soñar es estar contigo y con todos,
soñar es aliviar el peso de la vida,
es fijar en mente un horizonte como
si fuera barrera o meta que divisa,
el mundo que al correr aprisa
nos ahoga y quita la ilusión.

Mas soñar es todo lo que admira,
el bién y el mal aunque no mida
el sin par deseo de ser como indecisa,
ante la verdadera respuesta que nos brinda.

Es sólo un estar, una etapa es el soñar,
que no brinda bienestar,
pues cuando acaba,
la inquietud comienza,
y de nuevo tenemos que soñar.

ES LA VIDA

Sólo un sueño es la vida,
convertido en ilusión,
y envueltos en su aureola,
somos todos su pasión.
Olvidando la realidad,
nos transportamos en su ideal,
mas el todo nos castiga,
con la nada de su verdad,
y nos arropa con su manto de dolor
y nos hace ver como marionetas,
en el gran teatro de la vida y el amor.

ESO SOMOS... NADA MAS

Tú y yo… somos sin ser uno solo
ante el mundo y ante todos,
dos que en uno damos ese amor
que es profundo y sin dolor.

Tú y yo que en un mismo camino abrimos todos
sin importar escollos y abrumos,
dos que en uno damos paz,
que es luz y libertad.

Tú y yo ante el mundo de tensión
lucharemos sin cesar,
pues al fin lograremos compresión
de esto que nos une que es amar y perdonar.

Tú y yo abriremos horizontes,
buscaremos metas que alcanzar,
correremos sendas sin pisar,
venceremos retos sin cesar.

Tú y yo, nada más,
pues el mundo no sabrá jamás,
que nuestra unión conlleva fuerza,
que es sostén de la verdad.

Eso somos, tú y yo, todo,
aunque nunca nadie vea nada,
pues no importa soledad,
si estaré yo y te daré calma,
y estarás tú, que en mí eres sólo la verdad.

ESPLENDOR

"Si miras hacia el mar notarás
que mas allá, casi en su final,
se junta el cielo con el infinito,
creando un éxtasis de inexplicable ternura,
que sólo aquel que la busca,
vive tan grandiosa Belleza."

FOR TWO SPECIAL FRIENDS

"My heart was broken and still shattered,
but among the pieces there is a special
place for you both, full of the greatest
love for your friendship, and it will be
there forever."

Life is not always easy,
is hard and rough,
but fortunately,
people are found,
that give you that special touch;
a shoulder to cry on,
a breath that revive you,
a light on your path
that guide your thoughts.
Life is not always easy,
certainly is not,
but special people like you both,
make it better and beyond.

GANAR CON PALABRAS

"Quien habla en la vida por hablar
todo pierde pues no sabe su expresión usar,
mas si hablas y al decir
sientes llenar tu cuerpo con la oración,
notarás que aunque lo hayas dicho todo
no perderás nada,
sino que tendrás mucho por ganar...
todo un mundo de Amistad.

GRACIAS

Por estar ahí, por compartir,
por dar aliento.
Por dar la mano amiga de consuelo
y gran apoyo.
Por ser parte de nuestro sentimiento
y ayudarnos a encontrar paz
en nuestro triste momento.

HOY... YO

Hoy en el rincón de un cuarto oscuro,
se encuentra mi ser, mi alma sin orgullo,
sólo pienso en lo que nunca he tenido,
sólo pienso en mi vida y muerte:
¡Que tortura!
Quizás en risas, andanzas, recorridas,
goce en realidad de mi muerte en vida.
Pienso no hay Dios, ya nada importa,
y aunque así fuera, no me conforta.
¡Que grandeza de mundo!
¡Que pequeñez de vida!
Te pregunto soledad fiel compañera,
¿Seré como tú, como hoja seca?
¿A donde voy? ¿Que me espera?
¿Que hago? ¿Sigo luchando?
Pero no sé aunque así quisiera,
una profunda tristeza
me está cruelmente ahogando.
Por hoy soy toda pregunta,
sólo mi madre tengo
y ya mucho ha hecho.
Perdón le pido por mi fracaso,
reproches, olvido, si así descanso.

Pero no puedo más,
todo es vacío,
si a quien quería hoy se me ha ido,
a nadie tengo, solo a mi vieja,
que con lágrimas de sangre
mi verdad aqueja.
Amigos no, es muy confuso,
yo creía tenerlos, tantos,
y cuando triste hoy me desangro,
sólo en mi vida surge un canto:
¡Quiero morir, no es una huida!
quiero reir por mi condena,
ya sabes tú fiel compañera,
morir en vida sólo me espera.

IMPOSIBLE AMOR NOS HA TOCADO

Somos seres necesitados
de gran amor y gran ternura,
y por eso juntos estamos,
tratando de buscar una llenura.
pero ninguno sede ante el impulso,
ni ante el problema y a la duda.
Y pensamos mucho y pensamos,
y buscando un encontrar nos entregamos.
Decimos mucho pero no hablamos,
y todo lo verdaderamente grande lo ocultamos.
No decidimos y callamos,
y al tiempo lo hacemos
nuestro mejor aliado,
para que él sea quien resuelva,
el gran dilema que hay causado.
Pasa el tiempo... y aquí estamos,
todavía callados, en espera
de que hable nuestro aliado,
que decida y nos resuelva,
este imposible amor,
que ha nuestras almas, ha llegado.

INALCANZABLE

"Revoloteo de aves, tristes comienzos,
cual camino en flor, mas el sendero sólo,
es lo que hay en mis lienzos."

Como llegar a tí
aunque sea en ilusión,
pues te añoro,
y más, te pienso,
y no puedo borrar
de mi este amor.
Quisiera pensar
que no fuiste,
no eres, ni serás,
pero es imposible mi intento,
pues cada día es mayor en mí,
ese tu recuerdo.
Aquellas noches cálidas
y los felices encuentros,
y nuestros devaneos
y los gratos momentos,
aún los tormentos,
el nunca entendernos,
y las agonías
pues eran tuyas y mías
cuando fue nuestro momento.

INEXPLICABLE SEPARACION

Hoy, como ayer,
mis sentimientos no han cambiado,
mas el destino que parecía unirnos,
cruelmente nos ha separado.
Pero seguiré esperando,
lo que nunca ha llegado,
seré conforme con la vida
y con Dios por mi legado.
No forzaré más el tiempo, seguiré a la deriva,
dejaré que todo ocurra libremente
sin poner trabas a la corriente,
y que ésta llegue a donde quiera,
siendo ella misma su pendiente y su guía,
y si al final de esta larga travesía
nada encuentro,
no será acción en mí revelarme,
pues nunca nada fué mío
ni en poco ni en demacía,
y no pretenderé entonces,
robarle nada al mundo
y mucho menos a la vida.

LOGROS

Hoy es un día glorioso y de rebosía,
alcancé metas en mi vida no pensadas,
y sin tí probablemente no llegaran
porque en mí muy poca fe tenía.

Es tiempo de renacer,
de hacer lo que hay que hacer,
ver frutos madurar
de cosechas al nacer.

De darse cuenta que la vida
es una para ejercer
cada esfuerzo que se hace,
cada tiempo dedicado
es no dejarse vencer.

Hay que resaltar la obra,
que nos ha tocado engrandecer,
y llevarla a un nivel
que se añora y verla resplandecer,
no por mí, ni por mi orgullo,
mas por los que me dieron sus largas horas.

Valoro logros y triunfos alcanzados,
son ellos el premio en la vida,
por el esfuerzo y el trabajo
del buen tiempo dedicado.

LO QUE FUE

Hace tanto tiempo
que ya no escribía,
y es que para entonces
eras toda tú, mi poesía.

Desde un once
en que se enlazaron nuestras vidas,
cada día junto a tí
era un verso que vivía.

Hoy mi lápiz retorna al papel,
pues se rompió la prosa que existía,
veintitrés marcan el ayer,
hasta el hoy donde no hay armonía.

LO QUE TE PUEDO DAR

Tu alma ha caído en un vacío
que nadie puede alacanzar,
déjame sólo amar
tu espacio y no el mío,
pues aunque ahora no sientes,
sé que será mío el despertar.
Sabes cuanto te puedo dar,
pues siempre estuvo presente,
creías tú que se había ido
este corazón que sólo te sabe amar.
Déjame en tí borrar
tanta duda que haz poseido,
sé que te puedo dar
la serenidad que antes habías tenido.

MAS ALLA

Cuando se acaben los días,
y ya no podamos aquí más vivir,
trascenderemos a un lugar
donde espero no tengamos que pensar,
y que los hechos trasciendan
y no vuelvan a pasar,
y culminen sólo en un acto,
para que nuestra mente,
no vuelva a recordar.

MI CANTO AL AMOR

Muchos cantan al amor
sin conocer que es en sí ese saber.
Mas yo aún persisto
en que hablemos más de él.
No con esto quiero hacer entender,
que soy dueña de ese don,
no soy mas que una ilusa
envuelta en el mismo son.
Pero puedo revelar,
sin miedo a equivocar
lo que también pienso del Amor...
Es gaviota en vuelo fijo,
como aire que suspiro
y que no puedo prescindir,
aún más, es mi vivir,
porque sin él no siento aliento,
sólo es cuando lo siento
el alma plena de alegría,
mas si buscas rebocía,
no encontrarás nada en él.
Tienes que ir como en pendiente,
sólo dejándote caer,
así verás que sí se siente,
y que llega al alma fría.
Pero recuerda, que si lo detienes,
apenas lo sentirás,
tienes que dejarlo ir,
para entonces si sentir,
que es tuyo y que volverá.

MI GRAN AMOR

Mi gran amor,
mi dulce luna,
hoy no estás pero te pienso.
Mi gran amor,
mi dulce sueño,
hoy no estás pero te siento.
Mi gran amor,
mi desespero,
hoy no estás pero te quiero.
Mi gran amor,
mi dulce aliento,
un momento sin tí,
es un desvelo.

MIS PALABRAS

Mis palabras como el viento
vuelan, vuelan al azar,
sin rumbo y sin caminar
cual velero en mar abierto,
no importa si al hablar
todo un mundo sea siniestro.
Mi cantar es como andanzas
que nuevos ámbitos persigue,
y hoy mi verdad te sigue
y llega a tí como alabanzas.
Oye esto niña hermosa,
que para tí es mi prosa;
Amor del alma mía,
cielo henchido y dulce encanto,
eres para mí todo en tanto
que mi vida en tí descansa,
no dejes luz de mi sendero,
en mi orilla de brillar,
porque eres como la espuma en olear
que se forma en cada vuelco de la mar,
eres rosa mas preciada
que pudiera tener cualquier rosal,
eres esencia de mi vida,
eres todo en mi pensar,
eres yo misma en mis adentros
cual osamenta une en cuerpo,
no te quebrantes nunca en tiempo
y vamos en eternidad a alcanzar,
un éxtasis que solo embriague
nuestras almas, más y más.

MUCHO CONTIGO

Mucho contigo en sentimiento corazón
y el vivir y el renacer,
mucho es el querer
contigo siempre esta ilusión.
Mucho más cuando se dá
alma llena en corazón,
mas si no llega ahora,
mañana tal vez será
cuando en realidad
se colme la pasión.
Mucho contigo adoración,
dulces encantos, quimeras quedarán,
aún así, es grande y mucho,
tanto es en mí,
como contigo siempre será,
tus anhelos mis sueños son,
para convertirlos en realidad.
Deseo darte el aliento
del aire que quisieras respirar,
la luz de aquel camino
que siempre quisiste andar,
tender la mano
y recorrer el mundo
al cual siempre quisiste llegar.

Darte el pensamiento justo
que en el momento de duda
te pudiera faltar,
o simplemente ser la presencia
de cuando algo quieras admirar.
Mucho contigo es mi sueño,
y sé que también es tu anhelar,
mucho contigo siempre será,
el buscar todo y alcanzar,
siempre vida mas allá,
donde se dice que no hay nada que ocultar.

MUY TARDE YA... MI GRAN AMOR

Oh, gran amor, todo pasó
a una gran ilusión,
cual lozana flor
que marchita un día quedó.
Olvidar no puedo,
es mucho el recuerdo y el dolor,
mas los días pasan
y tu presencia en mí quedó.
Borrar quiero tu imagen
pero en vano...
es cruel mi desamor.
Turbia el agua,
seca la flor,
mas la huella,
nunca se borró.
Es el fín de una meta tan preciada,
a tí te toca continuarla,
mas es otra tu vereda
aquella que duele que tocaras.
Yo quedo atrás,
mas la mirada es fija...
y te alejas,
y muy difícil es mi avanzada.
Pues es tarde ya,
porque aunque llegara,
nada a mí me tocará,
todas las glorias alguien poseyó
y las tiene en tí alcanzadas.

NO HEMOS PERDIDO

Como el sol que cada mañana
resalta ante la vida trayendo luz al día,
surgen los sentimientos profundos
que nos llenan y nos guían.
Mas cuando cae la noche
y siembra tinieblas en la claridad del día,
somos nosotros igual cuando caemos
vencidos por la ignorancia
y el atino de quien nos dejaría.
Pero aún así quedan las auroras,
que son intermediarias para darnos,
una fé de que aún no hemos perdido,
y que tal vez algún día,
se renueve la luz que nos guía,
y esperemos que nunca se apague,
para que nos sirva de lucero
en nuestra travesía.
Y si aún así, no aparece este lucero,
no debemos decaer, porque,
siempre hay alguien que nos mira,
y en la lucha nos ayudará a vencer.

NO TE DEJES VENCER

Cuando todo haya pasado
y no quede nada bajo el sol,
cuando todo haya concluido
y no puedas alcanzar amor,
piensa en mí aunque no esté,
sólo piensa en mí y tal vez
te veas sin vencer.
Si aún así, no logras aquietar
tu incoherente lucha de ese mal,
hazte ver ante tí, pero no te dejes vencer.
Cuando todo haya terminado
y no quede nada bajo el sol,
cuando todo sea recuerdo
que crece de una mirada alrededor,
si no puedes contener
tu intranquilidad loca de perder,
no desesperes, y haz de tí el renacer.

NUESTRA ENTREGA

Miradas ardientes que hacen
emocionar el alma
y vibrar de satisfación
el cuerpo quieto
envuelto en ilusión.
Besos que colman el deseo
y despiertan la pasión,
creando una corriente ardiente,
que vibra el corazón
y llega al alma mustia
y se revive con amor.
Paso a paso haces sentir,
un latir que llena el cuerpo,
llevando en clamor de ternura,
a derramar por su llenura,
la última gota,
que temblorosa no soporta más,
e irrumpe en el éxtasis
de una entrega de los dos,
en el gran sentir de nuestro amor.

NUESTRA TERRY

Terry, ángel adorado,
que de paz nuestra vida inundó.
Con sus pasos alocados,
la vida de todos alegró.
Gruñiendo siempre provocó,
en muchos estar asustado,
para así marcar un legado,
de lo que fué su esplendor.

Angel de nuestras vidas,
rayito de luz y gran amor,
que tristeza que no estés
ya bien cerca a nuestro lado,
llenándonos con tu amor,
pero siempre estarás en nuestras almas,
como parte de nuestro corazón.

Terry nuestro Angel Dorado,
símbolo de nuestra unión,
siempre serás recordada,
por tu vida alegre y juguetona
que tanto nos llenó.

Terry Rayito de Luz,
que nuestra vida alumbró,
siempre estará tu fulgor,
como símbolo de nuestro amor.
Hoy gruñirás a tus ángeles,
y crearás tu propio mundo,
y volverás a correr libre
como siempre fué tu rumbo.
Y tus huellas
quedarán marcadas en la infinidad,
demostrando mas allá del cielo,
tu inmmensa Eternidad.

OCULTO

"La nobleza está en el alma de quien la ve,
por eso es difícil su encontrar,
mas cuando auscultes sus adentros,
y aún no veas nada,
no te sorprendas,
porque si encuentras,
verás que fue mejor el no buscar."

PENA

Si con morir se alejara esta pena,
hoy estuvieran enterrándome,
pues es muy difícil la condena,
de estar sin tí y alejándote.

Si con morir se quitara este dolor,
ya estaría bajo la tierra,
dejando consumir el corazón,
que vuelva al polvo y no existiera.

Si con morir se quitara este amor
que hoy sobra aquí en mi alma,
estuviera de camino al sol
para que sus destellos le pongan calma.

Si sólo con morir pudiera,
devolver paz y felicidad a tu corazón,
estuviera ya de frente a Dios,
para decirle sólo a El, que puedo yo,
descansar sobre su alma.

PENSANDO EN TI

Pensando en un ayer,
que sólo fue un momento
que al pasar, sin ser
recuerdo, todo dejó en un tormento.

Pensando en tí
todo el tiempo,
sin dejar de ser amante
de un tiempo ambulante,
que sólo sabrás si es que pensaste,
si es que tú no te olvidaste
de lo que fuimos en un tiempo.

Tiempo que camina sin cesar,
horas que atan y ahogan la verdad,
no sabrás nunca que en realidad
sólo fuiste espuma, que nada luego serás.

PESAR

Hoy un nuevo sentimiento
a vuelto a renacer,
duele y es confuso
pero es profundo y con acento
y me hace estremecer.

Pasión distinta que me llena,
y me ahoga y me asusta tener,
pues eres algo no vivido,
aún cuando yo creía todo poseer.

Si es justo o injusto, no lo sé,
perdón le pido a la vida
por este padecer,
porque engaña y atropella
a quien no merece padecer.

Como parar ante la vida
lo que ofrece y se nos dá.
Qué es bueno o qué es malo,
en el amor es muy difícil acertar.

Corazón serás el cofre,
que guarde este pesar.
Y tú, la vida, serás juez,
que algún día me ha de juzgar.

QUIERO SER

Quiero ser la senda
que en tu camino hay por pisar,
el manto que arropa el llanto
cuando en tu alma ahoga el malestar.

Quiero ser la expresión de tu sonrisa
cuando de alegría tu corazón siente palpitar
por el consumido deseo de tu alma
cuando a él logras realizar.

Quiero ser el aposento
donde tu cansancio vienes a calmar,
la mano que te brinda la palmada
de un adelante, hay que continuar.

Quiero ser en tus ansias, tan sólo un motivo
que te lleve a un más anhelar,
ese algo aún no conseguido,
pues en la vida, hay siempre que buscar.

Quiero ser, no más que el aire
que puedas respirar,
pero sí más que un suspiro,
que un vacío trata de llenar.

Quiero ser en emoción,
más que un momento,
tan sólo un poco más en sentimiento,
donde la tranquilidad
sea la única verdad.

Quiero ser mucho,
mas no pretendo el todo,
simplemente quiero ser,
y hacer que en tí misma seas
ese amor que llega y nunca más se aleja.

QUISIERA TENER LA INSPIRACION

Quisiera hoy tener la inspiración
de nuevos versos escribir,
pero es tanta la decepción
que sólo busco aliento para vivir.
Años de entrega y de pasión
que sólo en el recuerdo viven,
no es suficiente para combatir
el dolor de perder por quien se vive.
Quisiera hoy tener la inspiración
de nuevos caminos abrir,
pero es tanto el dolor
que ciega las veredas a seguir.
Quisiera hoy tener la inspiración
de creer de nuevo en mí, y en los que existen,
pero es tanto el desencanto,
que la mentira lo ahogó todo en un llanto.
Quisiera hoy tener la inspiración,
de hacer vida de otro modo,
y olvidar que existió todo
y que no hay desilución.
Quisiera tener la inspiración,
pero al pensar veo que la vida
es sólo un eslabón,
de cadena que no cierra
y que nunca tendrá unión.

RECUERDOS

Gratos momento vividos,
tristes momentos compartidos,
grandes proyectos alcanzados,
inmenso amor que fué entregado.

Largos años que pasaron
y en un día todos se borraron,
en la vida todo es pasajero,
no importa cuanto hayamos entregado.

De nada vale proyectar,
y hacia un futuro mirar,
el tiempo cae y deshace,
todo afán de ese avance.

Sólo lindo es recordar
todo lo que se ha vivido,
como un viaje al terminar
y ver cada foto en un libro.

REVIVIR AL RECUERDO

Hoy, al oir aquella canción
que me cantaras junto al mar,
no sé que noche,
asomóse a mis ojos una lágrima,
esta hizo germinar en mi corazón
una semilla,
que seca y fría me apartaba de tí,
de mi gente y de mí misma.
Pero al mismo tiempo,
esa pequeña lágrima,
evocada desde la lejanía,
revivió en mi lo antes muerto,
revivió la amistad y comprensión
en único elemento,
entonces pienso;
que ya no necesitaré más de una lágrima,
que como la sangre acuda al momento,
solamente tu canción, sí, tu canción
despertará lo que ahora duerme,
y entonces lloraré, sí,
lloraré el recuerdo,
de lo que ignorantemente hacía muerto.

ROTO CORAZON

Hoy mi corazón herido
trata en vano de buscar,
aliento, paz y regocijo
para poder continuar.
Es muy grande el dolor
que muy adentro se siente,
cuando todo cae, de repente,
y no hay mas que desolación.
Es muy difícil definir
el llanto interno que desgarra,
no hay palabras en surgir,
quedan todas como llamas sofocadas,
consumidas en la nada,
y con muy poco latir.
Roto corazón y en mil pedazos,
que entre ellos busca el revivir,
aunque sea del recuerdo resurgir,
para combatir el llanto del ensueño roto
y del amargo desencanto.

SENTIR

Sentir que todo cae
y no poder evitarlo,
porque aunque así quisiera
algo me aguanta al intentarlo.

Seguir y seguir sintiendo
una terrible agonía,
una horrible espera
que tal vez acabará un día.

Sentirlo y no saber soportarlo
es lo peor que me pasa,
no encontrar a quien gritarlo
porque alrededor todo está en calma.

Ese es mi vivir, mi sentir y quimera,
no saber nada de nada,
sólo un sentir que desespera,
que perturba y que arrebata,
que enloquece y atormenta.
No saber nada, sólo sentir
y seguir sintiendo un tumulto
que ahoga y que no acaba.

SIN TI

Aunque separarse sea bueno,
no me pidas que eso haga,
pues es para mí un desvelo,
estar sin tí es un desierto,
un ir y venir sin acierto,
es perder cada momento
y vivir en descontento.

SI SOLO CON PENSAR PUDIERA

Si sólo con pensar pudiera
hacer tu alma renacer,
si sólo con pensar pudiera
hacer tu corazón abrir,
mi mente no descansaría,
hasta tu amor conseguir.

Si sólo con pensar pudiera
hacer que tu alma me absorviera,
si sólo con pensar tuviera
de nuevo en mí, tus ojos cual quimera,
mi mente no descansaría
para hacer que de nuevo me quisieras.

Si sólo con pensar consiguiera
que olvides todo y comenzaras,
sólo con pensar haría
que de nuevo tú me amaras.

Pero mi mente no descansa,
y el pensamiento en pensar se queda,
y no alcanzo tu aureola
que cada día más se aleja.

SIEMPRE HAY QUE SEGUIR

Cuando el tiempo en nuestras vidas pasa,
y sólo pesadumbres deja,
es difícil el seguir
por temor a sucumbir
en el abismo cruel de nuestro propio confín.
Todo al parecer se para,
pero en tanto no es así,
sino que todo muy aprisa avanza,
pero no a la par con nosotros cual debiera,
y nos vamos quedando muy atrás
como final sin nada.
Pero siempre hay que seguir,
pues nos queda la esperanza,
ella es la que en realidad nos desata,
y nos permite seguir y alcanzar el tiempo,
y continuar juntos hasta la Eternidad,
y con ella para siempre,
en nuestra forma vivir,
y tener tranquilidad.

SIEMPRE IGUAL

"No importará cuantos soles veamos salir,
ni aún cuantos veamos ocultar,
no importará cuantas lunas
veamos en el cielo cambiar,
ni cuantas estrellas en el firmamento
su destello apagar,
tu amistad en mí siempre ha de existir,
y mi recuerdo contigo siempre llevarás."

SIMPLEMENTE DETALLES...

...Una llamada cada día.

...Un te quiero en murmullo como odas.

...Una risa callada por la alegría que no se expresa.

...Un suspiro por el sentimiento no brotado.

...Una palabra cálida como el tibio atardecer.

...Un sueño que despierto te hace adormecer.

...Una frase leída que al escribirla te hizo estremecer.

...Un abrazo en silencio queriendo arropar la alegría plena.

SIMPLEMENTE PALABRAS

Palabras que me faltan al decir
cuanto encierra mi alma adentro,
cosas que explicar no puedo,
queriendo gritar con profundo eco.

Palabras tantas que hoy no surgen
pues todas quedan en silencio,
cual sereno enmudecido que se siente
por su solo brillar de agua en cielo.

Palabras… y al decir palabras,
ni el sonido mismo de su letra escucho,
pues busco anciosa en su respuesta,
la definición que quiero dar y que no puedo.

Decir mucho es lo que quiero,
y siento que todas quieren salir
en un mismo vuelo,
mas las dejo libres y al surgir,
todas se vuelven una,
en un armonioso alegro,
para repetir a una voz y con acento:
"Amor mío, mucho es mi amor
y cuanto te quiero"

SIN ENCONTRAR

¿Es posible que no haya
en este mundo un lugar
donde podamos sin pensar
acoger a un solo en soledad?

La soledad es una y muchas más,
es estar, y no estar contigo y los demás,
es más, es sentir y no lograr,
es ver y no alcanzar,
es hablar sin contestar,
es frío sin abrigar,
o tal vez calor sin tempestad.

Aún creo más;
que es todo con la nada,
es una línea sin trazar,
es un punto fijo sin lugar,
es un día sin acabar,
o una noche sin serenidad,
es el cielo sin mostrar,
es el mar sin complejidad.
Es por eso que es difícil,
acoger el que está solo en soledad,
porque ha caído al infinito,
donde sólo existe eternidad.

SOLA

Hoy sola, sola y triste,
acongojada y melancólica,
solamente acompañada por la luna,
que muriendo ya se envuelve en mi locura.

Soy producto de una vida enmascarada,
por mí, por mi gente,
que aún con lágrimas de sangre,
siguen sonrientes.

Hoy sola, frente al mar y sola
te recuerdo,
pues sólo el intento de dejarte de amar
fué mi sustento.

Pero es imposible,
pues si existe a tí sombra parecida
me estremesco,
al buscarte, miro y no te encuentro,
me entristezco, lloro y pienso,
que sin tí yo siempre estaré sola.

SOMOS IGUAL

El tiempo corre como agua en el río,
dejando su huella en nosotros
como el río la deja en la tierra,
dejando su marca para siempre en nuestra faz,
como el río marca su cauce,
el cual no se borra jamás.

Y creando una gran vertiente
como el río cuando arrastra su corriente
que corre y corre sin cesar,
el tiempo igual nos arrastra,
creando una gran avalancha
de dudas y de inquietudes,
que nos ahogan más y más.

También como el río socava la tierra
creando una gran hondonada,
el tiempo también nos trata,
dejando nuestra vida sumida,
en el abismo de la nada.

SURGIR

"Como un sol de primavera,
que surge entre montes y praderas,
como un sol de primavera,
que sobre las montañas
renueva el brillo del rocío,
así, como un sol de primavera,
surgió tu amor y el mío."

TAL VEZ SERA

Es la vida un pasar
de ilusiones nada más,
de encantos y variaciones,
que nos hacen soñar sin ver atrás.

Es la vida y nada más
que un correr del tiempo y sin parar,
sólo un cansar nuestro sosiego,
quizás una lucha sin pesar.

Es la vida un ideal,
un suplicio o un caudal,
tal vez, para muchos esto
o quizás mucho más.
Pero en fín, si lo pensamos bien o mal,
tan solo es una meta y sin final.

TEMORES

Eres tú mi sueño,
aquel que siempre soñé
y nunca creí realizar,
el que queda en la mente siempre
y colma la ilusión.
La idea mas bonita que se piensa
y nunca se cree obtener,
la meta inalcanzable que se traza,
y nunca se ve llegar.
Eres tú la imagen perfecta realizada
en el sueño mas profundo
de nuestro ser.
La que con el ama uno siempre ve colmada
de gran pasión y único querer.
Eres lo que siempre pensé
y nunca creí tener.
Me da miedo cada día despertar,
a cada nuevo amanecer,
y que mi sueño no sea realidad,
pues mientras es sueño
en el alma quedará,
pero si está en la realidad,
ésta muchas veces puede terminar.

TIEMPO

El ayer es tiempo muerto
que nunca recobrarás,
el hoy es tu vida misma,
cuídala, porque sino la perderás.

El mañana es futuro incierto,
no desesperes, esperalo tranquila,
porque de seguro llegará,
y jamás lo olvidarás.

TODO

Hoy que no te tengo,
que miro hacia mi lado y faltas,
tan sólo tu recuerdo es lo que alcanza
mi mente acompañar mi cuerpo.
Sé que sin querer estás aquí
porque te siento,
aún cuando mi mano no te alcanza,
sólo soñar es lo que puedo
y así encontrarte en cada ruego.
Eres todo en mi existencia,
mi vivir, mi esperanza y mi consuelo,
eres paz tranquilidad y ensueño,
mi ansiedad, mi desesperación, y mi sosiego.
Eres luz de mi sendero,
reflejo de mis días y futuros inciertos.
Eres todo y aún cuando te vengo poseyendo
egoísmo de tí es lo que siento,
sobretodo hoy que aquí no te tengo,
y que al marcharte mi vida y toda yo
parece estar sumida en un desierto.

TODO EN MI

Mi cielo eres tú
mi ser amado,
tesoro jamás encontrado,
caudal de ricos sentimientos,
que en mí nunca antes brotaron.
Estrella luminosa en mi sendero,
que siempre estás alumbrando
mi paso sereno y callado,
que junto a tí,
cada momento voy dando.
Eres en mí todo y tanto
que ni imaginar supieras cuanto.
Eres el aire que absorbo,
la vida misma tú me la vienes dando.
Te guardo dentro de mí cual rico tesoro,
que jamás nadie se atreva a tocarlo,
porque si parte de su joya faltara,
cual pendiente perdido
lo andaría buscando,
y mil recelos tendría
para quien ostentó tocarlo,
pues eres para mí todo y tanto,
mi corazón, mi gran amor, mi ser amado.

TRISTE ES...

Triste es reconocer,
que hemos fallado,
que hemos perdido,
triste es reconocer,
que nos hemos quedado sin abrigo.

Triste es reconocer,
que un gran amor
se ha desvanecido,
triste es reconocer,
que es tarde ya para conseguirlo.

Triste es reconocer,
que el alma duele
y no tiene regocijo,
muy triste es reconocer,
que hoy... ya no estás conmigo.

TRISTE ES NUESTRO SENTIR

Triste es el pensamiento
al querer seguir tras de tu paso,
cada huella es un retazo
de lo que el pasado dejó en tus sentimientos.

Triste es el sentimiento,
pues no hay motivo real en tu sentir,
si cada raíz en crecimiento,
tiene atada su ápice al salir.

Triste es el caminar,
en busca de realidad,
si cada verdad amarga
el gran motivo de idealidad.

Triste somos en amor,
pues no hay ilusión en que colmar
la llenura de este sentimiento,
que muy triste se queda,
muy triste en pensamiento.

TU ESTARAS SIEMPRE CONMIGO

Mas allá de aquel silencio,
mas allá en aquel camino,
estarás siempre conmigo
por donde juntos correremos
el mundo entero es un suspiro.

Tú estarás siempre conmigo,
yo estaré ahí, siempre contigo,
para cuidar de este anhelo,
que es seguir sin detenernos,
buscando siempre lo mas grande,
lo más profundo y más sincero.

Mas allá de aquel silencio,
mas allá en aquel camino,
estarás siempre conmigo,
por donde juntos correremos,
el mundo entero en un suspiro.

Allí locos buscaremos,
demostrar al universo,
lo más grande de este mundo,
que un amor como el nuestro,
nadie puede ya vencerlo.

Mas allá de aquel silencio,
mas allá en aquel camino,
estarás siempre conmigo,
por donde juntos correremos
el mundo entero en un suspiro.

TU: MI GRAN AMIGA

Eres tú mi gran amiga,
la esencia de la amistad,
ser humano que abriga
el eco de la verdad.
Eres tú prenda querida,
pues pocos logran alcanzar,
en mi alma abrir herida
que se sienta sin llorar.
Más que todo eres mi amiga,
fiel amante de mi tiempo
que te doy sin medida
pues eres todo en mis adentros.
Nácar con que mi corazón brilla,
fluido que corre por mis venas,
aliento en mis hondas penas,
ideal que en mí inspiras,
y si buscas en mis fibras
muy adentro de mi cuerpo,
eres estela que compone
cada uno de mis sentimientos.

UN DIA

Un día pasó en mi vida,
un día, todo dejó,
lo que iba a ser
para siempre,
este amor que tengo
en mi yo,
y que se vuelca
en toda tu existencia,
gritando que es de los dos.

Mientras más pasan los días
más crece este gran amor,
aunque a veces parece volcarce
y casi morir de desesperación,
de no saber que esta pasando,
¿Por qué hay tanto dolor?
Pero sí puedo decirte,
que sin tí no vivo yo.
Pero un día reconocer me ha hecho,
ser de tí inseparable,
y que este gran sentimiento
pertenece a un solo Corazón.

UN DIA... TU

Hoy tu mirar era triste y lánguido,
tu pensar profundo y muy lejano,
tu sentir era inmenso,
y tu sufrimieto silencioso y callado.
De momento se opacó tu cara alegre,
y tu sonrisa quedó ahogada
con una mueca de dolor.
Tu paso seguía sereno,
pero ya no era firme
si no vacilante al caminar.
Tu palabra era breve,
tu voz ahogada y sumisa
y con mucha necesidad.
Tu paciencia resistente,
pero tu ansiedad sobresalía.
Todo un semblante opacado
por el manto de la terrible soledad.
Me pregunto, cómo pueden
pasar estas cosas a la gente,
pero ocurren y al pensar me duelen.
Déjame compartir contigo tu soledad,
No quiero que desistas en tu lucha,
sé que tu tiempo llegará,
porque tienes en tí
la mejor arma,
y es tu gloriosa voluntad.

VACIO

Somos mar que en su immensidad
no reconoce su espesura,
somos aire que en su infinidad
no persibe su blancura,
somos olas que batimos contra roca,
hojarasca barrida por el viento
y que al chocar,
en nada se convierte su lamento.
Somos pájaros en vuelo,
sin rumbo y sin acierto,
cantar de coros sin acento,
somos agua que corre sin cesar,
torrente desastroso, sin serenidad.
Mundo callado y en silencio,
pasos finos y débiles es nuestro andar.
Somos tierra y sin afán
de abrir nuevos surcos
en su orfandad.
Somos tanto y también nada,
pues todo está sin expresar.
¿Hasta cuando? No sabemos,
si hasta incierto es el pensar,
pues a quedado abatido
ante tanta vaciedad.

VISION DE LA BELLEZA

Bajo el manto azul del cielo,
se derrama un mundo de ilusiones,
que al pasar todas en sueño,
despiertan alegrías y emociones.

Es corriente inagotable de encantos,
de cariños, de amor y de ternura,
vida que todo lo encierra como canto,
rito de sentimientos y de locura.

Complejidad de seres que se aupan,
diversidad de tonos que en uno se realzan,
es mundo como gama de colores que cantaran
angelicales notas, cual música de andanzas.

Soles que brillan los caminos,
aires que mueven las ideas
para lograr a cada paso, adelantar el hilo
que ha de asir cada uno y quien lo vea.

Mas si aún no te realizas,
y esta divinidad toda existente
no logras ver como a tí misma,
piensa ahora en alcanzarla,
pues mañana todo será latente.

De llanto y de emoción el corazón henchido,
al contemplar unísono tanta armonía,
que no podría dejar yo sin replicar mi sentido,
y decir que todo es belleza y alegría.

VISION DE MI ALEGRIA

Hoy sólo un recuerdo es mi pasado,
en la historia quedó mi agonía,
hoy mi alma de paz se ha colmado,
tú has cambiado mis tristezas en alegría.

Mi corazón que antes poco a poco moría,
hoy por tí ha comenzado de nuevo a cantar
bellas melodías como antes junto al mar,
siendo tú mi inspiración y mi armonía.

Hoy te presentas junto a mí,
donde siempre he estado,
en espera de tí,
luz de mis días.

Viniste a mí e hiciste la tarde bella,
como envuelta en flores, perlas y coral,
que al parecer emerges de la nada
y me llenas con tu todo y las estrellas
muy envidiosas de tí, de tu brillar,
se ocultan tras las nubes opacadas.

VIVIR

"Vivir no es vivir
si no se ama,
amar no es amar,
si no hay comprensión,
así que comprende,
porque entonces amarás,
también vivirás y serás feliz.

En Honor a
ORLANDO ADOLFO

Jóven de mi pueblo Divino,
con alto espíritu de excelencia
en lo moral, educativo
y en todo ejemplo de buen hijo.

Nos dejastes en un **Sueño**,
en el cual hoy vivimos,
y con tu poema
daré la **Esencia** al mundo
de este Jóven de mi pueblo divino.

Leyenda siempre serás,
que el tiempo quebrantará,
por el valor de tu talento
todo el mundo te recordará.

En mi libro hoy comparto,
tu gran sueño anhelado,
haciéndole así tributo,
a ese tu gran legado.

Poema invitado escrito por:
Orlando Adolfo Izquierdo Muñoz

LIFE & DEATH

Out of a single cell, humanity rises,

ashes to ashes humans in crises.

Schoolars groups plating rows of trees,

commercialism tearing down green acres indeed.

Vroooom! Goes the car; all growing in sizes

with plumes of uncontrolled oil rising,

killing fishes of all shapes and sizes.

As we awe and ponder, we still wonder

why seas get darker and Katrina's get larger.

Important people inspiring normal people.

People killing people.

DESPEDIDA

Un día me pregunté, ¿por qué escribo cuando escribo?,
¿por qué no está, esta musa siempre como guía?
Hoy me doy cuenta de lo que me seguía;
Escribí versos para quebrar lo invensible,
para poner ante los ojos de otro lo invisible,
para que no se esfumaran los ocasos y las auroras,
para sacar de adentro y no ocultar lo que el alma siente cuando
llora,
para mostrar sin verguenza lo que amamos,
para escaparme tal vez de una oscuridad en mí que me atormenta…
Pero hoy con estas líneas pongo final a mi poesía.
Me despido al terminar este libro, porque ya no quiero alma más
vacía.
Con este pensamiento,
pongo final a estas letras que expresé como poesía
y tal vez como diría un gran poeta:
ENTRE SUEÑOS Y ESENCIAS
dí el más grande Amor,
cumplí mi meta.